[PUBLICAT]ION DE LA RÉUNION DES OFFICIERS

EMPLOI DES CHEMINS DE FER

PENDANT

LA GUERRE D'ORIENT

1876-1878

PAR

C. MARTNER

CAPITAINE D'ÉTAT-MAJOR

PARIS

LIBRAIRIE MILITAIRE DE J. DUMAINE

ÉDITEUR

30, RUE ET PASSAGE DAUPHINE, 30

1878

EMPLOI DES CHEMINS DE FER

PENDANT

LA GUERRE D'ORIENT

1144 — PARIS IMPRIMERIE LALOUX Fils et GUILLOT
7, rue des Canettes, 7

PUBLICATION DE LA RÉUNION DES OFFICIERS

EMPLOI DES CHEMINS DE FER

PENDANT

LA GUERRE D'ORIENT

1876-1878

PAR

C. MARTNER

CAPITAINE D'ÉTAT-MAJOR

PARIS

LIBRAIRIE MILITAIRE DE J. DUMAINE

LIBRAIRE-ÉDITEUR

30, RUE ET PASSAGE DAUPHINE, 30

1878

EMPLOI DES CHEMINS DE FER

PENDANT

LA GUERRE D'ORIENT

L'utilité des chemins de fer en temps de guerre n'est plus à démontrer. Les expériences si décisives de la campagne de 1870 ont consacré d'une manière formelle l'existence de ce nouveau facteur qui a modifié profondément les conditions de la guerre moderne. Les chemins de fer font actuellement partie intégrante de l'outillage militaire d'un pays.

Aussi la puissance offensive ou défensive d'une nation ne se mesure plus seulement aux effectifs qu'elle peut mettre en mouvement, elle est également fonction de l'étendue et de la qualité de son réseau de voies ferrées. Seuls, ses chemins de fer peuvent lui permettre de concentrer ses nombreux bataillons, soit pour les porter à la frontière, soit pour les réunir dans ses positions de défense; seuls, ils sont en état de les ravitailler, de les munir de matériel de guerre; seuls, ils offrent à ses blessés une évacuation sûre et rapide vers la mère patrie.

Mais de même qu'une armée ne vaut que par son chef, sa discipline et son organisation, de même les chemins de fer n'ont d'effet utile que s'ils satisfont à certaines conditions. L'œuvre est en raison de la perfection de l'outil. Aussi toutes les puissances européennes se sont-elles appliquées à développer la qualité de cet instrument de guerre. Des règlements, fruits de longues recherches, déterminent son usage dans les plus minimes détails, et les dispositions relatives aux transports de troupes sont l'objet des constantes études des états-majors.

Les préliminaires de San Stefano viennent de mettre fin à la guerre sanglante que soutenait la Turquie contre l'empire russe. Ces deux puissances avaient pour la première fois à introduire dans leurs luttes séculaires un élément d'action nouveau. De part et d'autre, les chemins de fer étaient tenus de fournir leurs preuves au point de vue militaire. Il nous a paru intéressant de rechercher quel a été leur emploi dans cette campagne et dans quelle mesure ils ont pu servir aux belligérants. Nous examinerons donc successivement pour chacun d'eux l'état de leur réseau, l'organisation des transports militaires, enfin le rôle qu'ont joué les voies ferrées dans les opérations de la mobilisation, de la concentration et de l'évacuation.

I

ÉTAT DU RÉSEAU RUSSE

Vers la fin de l'année 1876, la Russie avait plus de 20.000 kilomètres de chemins de fer en exploitation (19.900 au 1er janvier 1876) et plus de 3.000 kilomètres en construction. Ce chiffre égale à peu près l'étendue des réseaux français et allemands; mais il ne représente, par rapport à l'immensité de l'empire, que $0^{k},41$, de chemin de fer par myriamètre carré, et 276 kilomètres par million d'habitants. On se rendra compte davantage de la situation respective des trois pays en remarquant qu'à la même date la France possédait 4k,768 de chemin de fer par myriamètre carré, et 678k,4 par million d'habitants, et l'Allemagne 5k,072 par myriamètre carré et 668k,3 par million d'habitants.

Le tracé des chemins de fer russes avait été en général bien conçu ; il satisfaisait, dans la mesure du possible, aux intérêts, si divergents quelquefois, de la politique et du commerce. De tout temps, en effet, le gouvernement avait porté la plus vive attention à l'étude des lignes dont les projets lui étaient soumis ; le tzar ne dédaignait jamais de s'occuper de cette question et n'accordait pas une concession sans en avoir étudié tous les détails. Il en était résulté un réseau, à mailles très-larges, il est vrai, mais qui desservait aussi bien tous les grands centres industriels que les garnisons et les établissements militaires.

Il importe toutefois de remarquer que dans les conditions où allait se faire la guerre avec la Turquie, le tracé des lignes russes laissait beaucoup à désirer. Il semble inutile d'entrer dans le détail toujours un peu monotone d'une description d'un réseau de chemins de fer. Un seul coup d'œil jeté sur une carte en dira plus à l'esprit qu'une longue et sèche énumération.

Au point de vue militaire, ce qu'il faut surtout considérer, c'est le nombre de débouchés donnant accès sur le théâtre d'opérations ; encore faut-il que ces débouchés soient constitués par des lignes continues et se prolongeant assez dans l'intérieur du pays pour qu'ils puissent former une ligne de transport indépendante. Dans cet ordre d'idées, on voit que la Russie possédait vers le sud de son immense empire quatre débouchés marqués par les points *terminus* d'Odessa — Nikolaïeff — Sébastopol — Wladicaucase. Les trois premiers aboutissaient à la mer Noire, le quatrième au Caucase, au pied duquel il s'arrêtait. Assez avantageux dans le cas de la possession de la mer, ce tracé était très-imparfait, si l'on réfléchit à l'infériorité de la flotte russe vis-à-vis de la flotte ottomane.

Il ne pouvait entrer aucunement, à cette époque, dans les idées de l'état-major de l'empereur Alexandre de se servir des ports de la mer Noire pour y embarquer les troupes qui y auraient été amenées par chemins de fer. C'eût été courir à un désastre certain. Il ne restait donc, outre la ligne de Wladicaucase, affectée exclusivement aux troupes devant opérer en Arménie, que le seul débouché formé par la ligne qui se termine à Odessa.

A 65 kilomètres au nord de cette ville, en effet, se détache de la station de Rasdelnaya un embranchement qui, remontant vers le nord-ouest, presque en sens contraire de la direction générale de la ligne principale, se dirige par Kichineff vers la Roumanie.

Comme les opérations en Asie ne devaient et ne pouvaient avoir qu'un but secondaire et entièrement indépendant, on voit que, par rapport à son objectif principal, la Russie ne disposait absolument que d'*un seul débouché par chemins de fer* vers le théâtre de la guerre. Encore aboutissait-il dans un pays qui prétendait garder sa neutralité.

La capacité des lignes de transport russe compensait-elle au moins cette imperfection du tracé dans le cas d'une attaque contre la Turquie? Il n'en était rien. La puissance d'un chemin de fer, c'est-à-dire la facilité qu'il offre au transport des troupes, dépend non-seulement de la direction de la ligne, mais encore de son profil, du plus ou moins grand nombre de courbes qu'elle décrit, des moyens qu'elle a d'alimenter ses machines, de l'espacement de ses gares et enfin du nombre de voies.

Si, grâce aux immenses plaines que traversent les chemins de fer russes, on trouve rarement des pentes d'une grande inclinaison et des courbes d'un faible rayon, par contre, es gares sont à une grande distance les unes des autres (1), et sur certains points les approvisionnements d'eau ne se font qu'avec la plus grande difficulté. Nous citerons en particulier, et à cause de son importance militaire, la section de Balta à Odessa, dont le tracé suit presque tout le temps une crête aride entre deux vallées fertiles. Les rares stations qui s'y trouvent ne reçoivent leur alimentation qu'au moyen de conduites métalliques ou en terre cuite, allant chercher quelquefois très-loin l'eau nécessaire au service de l'exploitation.

D'autre part, le transit qui se fait sur les chemins de fer russes n'a permis de poser une deuxième voie que sur un très-petit nombre de sections, où elle n'existe qu'à l'état d'exception. Tout le réseau est donc à voie unique. Les conséquences de cet état de choses, peu sensibles pendant la paix, deviennent très graves en temps de guerre. Le débit d'une ligne à simple voie ne peut être que la moitié de celui d'une ligne à double voie ; on voit tout de suite combien la capacité de transport se trouve affaiblie.

Quand on remarque en outre que les trains de retour, toujours en nombre égal à ceux de l'aller, ne peuvent se croiser qu'à des gares d'évitement, situées quelquefois à 18 ou 20 kilomètres l'une de l'autre, on ne sera pas étonné que sur un pareil réseau on ne puisse mettre en mouvement dans chaque sens que 10 ou 12 convois au maximum par 24 heures. Tel a été en effet le rendement des lignes russes pendant la guerre. Quelle différence avec le débit considérable fourni par les lignes françaises et allemandes en 1870!

Le matériel roulant constitue un élément important des

(1) Sur la plupart des lignes russes l'intervalle des stations atteint couramment 15 à 18 kilomètres, et sur certaines lignes du sud, il dépasse 25 kilomètres.

transports militaires. Quand il s'agit d'une concentration pendant laquelle toutes les forces vives d'un pays sont dirigées vers la frontière, il peut arriver que le matériel existant ne puisse parfaire le nombre de trains nécessaires, en tenant même compte de celui qui est fourni par les trains de retour. Il est donc indispensable de se préoccuper de cette question et de faire entrer, dans les calculs relatifs à l'exécution d'un grand transport, le facteur de la quantité de matériel dont on peut disposer.

La Russie en 1876 possédait 3.095 locomotives, 4.867 wagons à voyageurs et 61.241 wagons à marchandises.

Ce matériel considérable était réparti sur une surface immense, il est vrai, et dans un calcul très-rigoureux, il faudrait faire subir à ce chiffre une réduction notable pour obtenir le nombre de véhicules disponibles. En évaluant en unités de trains l'effectif des troupes actives et mobilisables de la Russie au début de la guerre, c'est-à-dire 14 corps d'armée et les divisions isolées des gouvernements de Finlande, Moscou et Kazan, on obtient le chiffre de 2.230 trains, qui, à raison de 30 voitures par train (force des trains russes), comporteraient ainsi environ 67.000 véhicules.

On voit donc qu'à la condition de rassembler tout son matériel, la Russie était presque à même de faire ce que l'on appelle un transport en masse, c'est-à-dire de transporter toutes ses troupes d'un seul bloc. Cette éventualité ne se présenta pas du reste ; nous avons voulu seulement donner ces chiffres pour faire voir que, sous le rapport de la quantité de matériel, la Russie était en mesure de faire face à tous les besoins.

Pour en finir avec le réseau russe, il faut encore signaler une des particularités qui le distinguent, et qui eut une certaine influence sur les transports. Nous voulons parler de la largeur de la voie. Toute l'Europe continentale, l'Espagne exceptée, a adopté pour l'écartement intérieur des rails une distance oscillant légèrement autour du chiffre de $1^m,435$, en sorte que le matériel d'un État peut circuler indifféremment sur les lignes des autres. En Russie, au contraire, à part quelques lignes de Pologne, entre Varsovie et la frontière, la voie a un écartement de 5 pieds russes, c'est-à-dire de $1^m,524$. Cette différence de $0^m,089$ suffit pour empêcher les wagons étrangers de circuler sur les chemins de fer russes.

C'est sans doute aux préoccupations de la défense du pays qu'il faut attribuer cette détermination si nuisible aux intérêts du commerce. Nous verrons plus loin que, semblable à une arme à deux tranchants, cette mesure, prise dans un but tout militaire, aura été un obstacle sérieux pour l'exécution des transports dirigés vers le Danube pendant la guerre.

Nous avons dit plus haut que la Russie ne possédait vers la Bulgarie qu'un débouché constitué par l'embranchement se détachant de la ligne d'Odessa et courant vers la Roumanie, pour se relier, à Ungheni avec les chemins de fer de la principauté. En fait, à l'époque du conflit oriental, ce raccordement n'existait plus, la ligne s'arrêtait à Kichineff. Ouverte le 7 mars 1876, la section Kichineff-Jassy n'avait été exploitée que pendant quelques jours. Les terrassements, faits à la hâte, avaient subi de grands éboulements à la suite des abondantes pluies du printemps; de plus le Pruth, à cette époque, n'était franchi que par un pont de fortune; bref, on avait dû cesser le transit et la voie s'était entièrement détériorée.

Les travaux ne recommencèrent qu'au moment de la mobilisation de l'armée du Sud. Ils furent considérables et poussés avec la plus grande activité. Le pont métallique du Pruth fut enfin terminé et la voie inaugurée définitivement le 9 avril 1877. La jonction existait dès lors entre les chemins de fer russes et roumains. Ces deux réseaux ayant été intimement liés pendant les transports, il convient de consacrer quelques lignes au dernier.

Il y a vingt ans les communications de la Moldo-Valachie étaient dans un état détestable. Non-seulement il n'y avait pas encore de chemins de fer, mais il n'existait guère qu'une seule bonne route, celle de Kronstadt, en Transylvanie, à Giurgewo, par Bucharest. Ce n'est qu'en 1861 que l'on commença à s'occuper de doter la principauté d'un système de routes réunissant les principaux centres de population. Les chemins de fer ne furent pas oubliés; le gouvernement élabora un projet de voies ferrées et procéda avec la plus grande ardeur à leur construction.

Deux lignes principales, représentant une étendue de 1017 kilom., et quatre embranchements secondaires s'élevant à 301 kilom., en somme un total de 1.318 kilom. étaient déjà en exploitation au commencement de 1876. Malheureusement les travaux avaient été exécutés dans de très-mauvaises conditions de solidité. Les lignes n'étaient qu'à une voie, enfin au point de vue spécial d'une jonction avec les chemins de fer russes et d'un mouvement de troupes vers le Danube, la direction du tracé laissait beaucoup à désirer.

De Kichineff, le chemin de fer de Bucharest se dirige d'abord vers l'ouest, en passant par Jassy, jusqu'à la rencontre de la ligne venant de Transylvanie. Il suit ensuite, en se portant vers le sud-est, cette ligne jusqu'au Danube, en touchant à Galatz; puis il reprend la direction de l'ouest jusqu'à Ploïesti, pour incliner enfin au sud et arriver à Bucharest. C'est à peu près la figure de la lettre Z renversée. Quand on songe que le passage de chacun des angles aigus de ce tracé en zigzag nécessitait des manœuvres de gare assez compliquées, on se rendra compte de la difficulté de l'exploitation d'une pareille ligne de transport et des retards qui pouvaient en résulter dans un grand mouvement de troupes.

Tel était l'état des chemins de fer que la Russie avait à sa disposition pour entrer en campagne. Pour apprécier la juste valeur de ce réseau, il faut encore faire entrer en ligne de compte les obstacles que présentent en tout temps dans ce pays les circonstances climatériques, telles que tempêtes de neige obstruant les voies pendant plusieurs jours, éboulements causés par les pluies, sécheresse épuisant les approvisionnements d'eau dans les gares, etc. Dans ces conditions, l'instrument délicat qui fut utilisé d'une façon si admirable par les belligérants en 1870 ne pouvait donner qu'une très-faible portion de son effet utile, et cependant tel qu'il était, nous le verrons rendre des services considérables.

II

ORGANISATION DES TRANSPORTS

En poussant activement le développement de ses voies ferrées, la Russie n'avait pas négligé de s'occuper du moyen de les exploiter au point de vue militaire. Mis en éveil par les succès foudroyants de l'armée prussienne en 1866 et les résultats qu'avait produits son organisation du service des chemins de fer, le ministère russe s'était empressé d'ordonner des études approfondies sur cette question. Il créa à cet effet au grand état-major une commission pour le transport des troupes par voies ferrées, fluviales et maritimes. Cette commission entra en fonctions le 1er mai 1867. Elle se composait du chef de l'état-major président et de délégués de différents ministères. Un fonctionnaire du ministère de la guerre remplissait l'emploi d'agent exécutif et avait en cette qualité la haute direction des transports généraux de troupes dans tout l'empire. Tout le réseau des voies ferrées était divisé en un certain nombre de secteurs ; à la tête de chacun d'eux on plaça un officier d'état-major, chargé de surveiller, au point de vue de l'instruction et de l'exécution technique des mouvements, tous les transports de troupes accomplis sur son propre réseau.

La mission de ces officiers embrassait, en outre, les études stratégiques concernant l'emploi de leur réseau en particulier, la surveillance et l'instruction des officiers et des hommes répartis sur les différentes lignes et détachés pour apprendre le service de chemin de fer et les relations à établir entre les administrations et le commandement. Ils devaient enfin veiller à la stricte application des règlements sur les transports de troupes.

Il ne peut entrer dans le cadre de cette étude de développer dans tous ses détails l'organisation militaire du service des chemins de fer en Russie. On voit par ce qui vient d'être dit que l'on s'était inspiré du système qui avait déjà fait ses preuves en Prusse, et qu'à cette époque nous ne possédions pas encore.

La mobilisation et la concentration des troupes avaient été également l'objet d'études préparatoires. Il existait une *Instruction générale de mobilisation* se rapprochant en beaucoup de points de celle qui nous régit actuellement et qui était revisée deux fois par an. A la même époque, on remaniait également, de manière à les adapter à la saison d'hiver ou d'été, les itinéraires spéciaux établis pour les mouvements de troupes par voies ferrées. Ces itinéraires, contrôlés par des agents techniques, servaient ensuite à l'élaboration d'un *plan de transport* analogue à celui du règlement français de 1874.

Certaines exigences auxquelles était soumis ce plan de transport méritent d'être signalées, d'autant plus qu'elles ne purent recevoir que rarement leur sanction pendant la guerre. On s'était attaché, par exemple, à ce que les heures de départ et d'arrivée des trains fussent des heures de jour ; on cherchait à placer entre dix heures du matin et cinq heures du soir le temps d'arrêt nécessaire pour le repas des hommes et des chevaux, ainsi que les repos de quarante à soixante minutes pendant lesquels les soldats prennent le thé.

En somme, la Russie était en possession d'une organisation assez solide des transports militaires. Les règlements de détails, parus en 1873, s'appliquaient à toutes les armes et étaient l'objet d'une instruction très-suivie. Dans la pratique, pour de petits transports, bien entendu, ils avaient donné de bons résultats.

Ces règlements préconisaient surtout l'usage des rampes mobiles pour l'embarquement des chevaux. On évitait ainsi par ce moyen la construction, toujours très-coûteuse, de quais spéciaux, et à l'aide de ces ponts, que devait emmener avec lui chaque train militaire, les débarquements pouvaient se faire aussi bien dans les stations qu'en pleine campagne, à un point quelconque du parcours.

Habitués par de fréquents exercices à gravir ces rampes parfois assez roides et assez glissantes, les régiments de cavalerie étaient arrivés à s'embarquer très-rapidement dans les wagons qui devaient les transporter.

Le personnel technique des chemins de fer n'avait toutefois pas la même valeur que celui de France ou d'Allemagne. Les attributions des divers employés étaient moins bien définies que chez nous, et comme la majorité se composait d'étrangers, il était à craindre que, dans un moment difficile, ils n'apportassent pas le même zèle et le même patriotisme que des employés nationaux.

Il nous reste pour compléter ce tableau à parler des troupes de chemins de fer. Ces troupes, organisées actuellement, comme on le sait, chez toutes les grandes puissances militaires de l'Europe, ont dans leurs attributions :

L'exploitation des lignes comprises dans les limites du théâtre des opérations;

La destruction et la réparation des voies ferrées et des ouvrages d'art, enfin la construction des tronçons de chemins de fer que l'on peut avoir à établir dans la zone des hostilités.

Jusqu'au moment du conflit, il n'existait pas, à proprement parler, de corps de cette nature en Russie. Un règlement, édicté en 1870, avait bien jeté d'une manière théorique et générale les bases d'une organisation de détachements de chemins de fer en temps de paix ; mais les cadres n'existaient que sur le papier. Toutefois ce règlement n'était pas resté à l'état de lettre morte. Sur chaque ligne de chemin de fer se trouvaient détachés un certain nombre de soldats ayant déjà six ans de service. L'effectif en était déterminé par le bureau de l'état-major général, chargé du transport des troupes. Ils faisaient dès lors partie du personnel de la compagnie, et y acquéraient en cette qualité une instruction technique complète. Bien qu'assimilés entièrement à des employés civils, ils restaient sous la surveillance des officiers chargés des transports de troupe et étaient inspectés une fois par an par le commandant militaire du gouvernement dans lequel se trouvait située la ligne qu'ils exploitaient.

On voit donc qu'au moment où fut décidée l'organisation d'un bataillon de chemins de fer destiné à opérer avec les six corps de l'armée du Sud (24 novembre 1876), la Russie disposait pour le recrutement de cette troupe d'un personnel déjà instruit et approprié au service qu'on attendait de lui. Ce bataillon, formé de quatre compagnies, dont deux de construction et d'exploitation, était sous les ordres d'un colonel et comprenait vingt-quatre officiers et neuf cent quatre-vingt-dix hommes de troupes.

Ce personnel combattant était complété par soixante-dix-neuf non-combattants (capitaines d'armes, infirmiers, ouvriers, soldats de trains, etc.). Les équipages consistaient en dix voitures du train, six voitures pour le transport du matériel et soixante-neuf chevaux. Un 2e bataillon fut du reste créé dans les mêmes conditions à la fin de mai 1877; un 3e le fut ultérieurement.

Tel était, à proprement parler, l'outillage de la Russie au point de vue des chemins de fer, au moment de la crise qui allait bientôt se dénouer par les armes; nous allons étudier maintenant le parti qu'elle a tiré de tous ces éléments d'action.

III

MOBILISATION

Le rôle des chemins de fer dans cette opération a un caractère tout autre que dans celui de la concentration. Dans ce dernier cas, tous les moyens d'action des compagnies des chemins de fer sont centralisés sur une ou plusieurs lignes de transport; dans la mobilisation au contraire la totalité du réseau desservant la zone occupée par les troupes à mobiliser est le théâtre d'une activité inaccoutumée. Sans qu'il y ait cependant de grands changements apportés aux conditions ordinaires de l'exploitation, les trains journaliers ont à satisfaire à un mouvement considérable de voyageurs; les gares les plus exiguës se trouvent assaillies par des masses de réservistes isolés accourant de leurs villages par toutes les routes disponibles. Ajoutez à cela, les nombreuses expéditions de matériel de guerre et de colis de toutes sortes, nécessitées par la prévision d'une grande crise nationale, et l'on aura une faible idée de la tâche énorme qui incombe aux chemins de fer pendant une mobilisation.

Les conditions, défavorables sous beaucoup de rapports, dans lesquelles se trouvait la Russie, par suite de l'étendue de son territoire, devaient apporter de grands obstacles à la réunion rapide de ses réservistes ; mais, par contre, elles atténuaient un peu les difficultés matérielles de la mobilisation par chemin de fer, en ce sens qu'elles échelonnaient sur un grand nombre de jours les transports multipliés qu'il y avait à faire. Le temps ne pressait pas, du reste, puisque à ce moment il ne s'agissait encore que d'une simple démonstration.

La mobilisation fut, on le sait, décrétée le 1er novembre 1876. On se rappelle qu'il ne s'agissait à cette époque que de mettre sur le pied de guerre les six corps de l'armée du Sud ; cette armée fut formée avec les troupes cantonnées ou casernées dans les provinces méridionales de la Russie, c'est-à-dire dans les gouvernements militaires de Kiew, Kharkow et Odessa. Le décret de mobilisation visait en outre le gouvernement du Caucase et une partie de celui de Moscou.

En raison de la rareté des communications télégraphiques sur un grand nombre de points de l'empire, on avait indiqué le 14 novembre, à une heure du matin, comme devant être le premier jour de mobilisation. C'était encore un délai de plus donné aux compagnies de chemin de fer pour faire leurs préparatifs.

Malgré ce répit, il se produisit, comme il fallait s'y attendre pour une première épreuve, un certain nombre de désordres et d'abus. Un décret daté du 9 novembre avait nommé soixante-cinq officiers aux fonctions de commandants de station ; de plus, quarante-neuf officiers appartenant aux troupes actives ou sédentaires avaient été désignés par les états-majors territoriaux pour être détachés dans un pareil nombre de gares de chemins de fer.

Cette mesure était un peu trop tardive, elle aurait dû être

prise longtemps à l'avance ; il en résulta qu'un grand nombre de ces agents n'arrivèrent pas en moment opportun à destination. Bien que l'opération fût en cours d'exécution lorsqu'ils purent rejoindre leur poste, ils modifièrent arbitrairement en beaucoup d'endroits les dispositions antérieurement arrêtées.

Sur de nombreux points et sur des lignes de chemin de fer entières où il n'y avait pas le moindre transport militaire, on supprima sans nécessité les trains de voyageurs et de marchandises, et il s'ensuivit un encombrement énorme de wagons chargés. En d'autres points, le manque de véhicules se fit sentir, alors que précisément il aurait fallu y accélérer les transports de troupes.

En somme, dans cette mobilisation, et la raison en est dans l'écartement des mailles du réseau russe, les chemins de fer n'eurent à jouer qu'une partie du rôle qu'ils auraient eu à remplir dans d'autres pays. Un grand nombre de réservistes, en effet, n'avaient pas de ligne à leur disposition à proximité de leur résidence. Ces derniers rejoignirent directement par les routes de terre leur point de convocation, les uns en voiture ou en traîneau, les autres à pied.

Ces hommes appartenaient en majeure partie aux circonscriptions visées par le décret. A part quelques exceptions, les chemins de fer n'eurent donc à transporter que les réservistes, faisant partie des six corps de l'armée du Sud, en congé dans les autres gouvernements de l'empire, et qui avaient un trop long parcours à faire pour l'exécuter à pied.

[illegible] établi par le général Miloutine, ministre de la
[illegible] qu'il suit les résultats de la mobilisa-
[illegible] le rassemblement se termina
[illegible] le troisième jour ; dans
[illegible] le cinquième ; dans
[illegible] ième jour ; dans deux le

onzième ; dans trois le treizième ; dans deux enfin le dix-septième.

Il s'écoula donc environ un mois entre le décret de mobilisation et l'arrivée des derniers réservistes, et cependant le peuple russe savait bien qu'il s'agissait de s'armer contre l'ennemi héréditaire, qu'il détestait par esprit de race et de religion ; dans toutes les parties de l'empire il se rendit avec le plus grand patriotisme à l'appel de son *père*.

Ce délai, déjà long par lui-même, l'aurait été bien davantage dans le cas d'une mobilisation générale.

Le système de recrutement régional n'existe pas encore en Russie d'une façon complète ; bien qu'une forte proportion de réservistes séjournent déjà dans les limites de leur circonscription militaire, il en est un certain nombre qui sont disséminés dans tout l'empire ; la mobilisation fut donc notifiée aux cinquante-deux gouvernements qui forment les divisions politiques intérieures de la Russie, et chacun de ces districts eut à diriger sur les corps auxquels ils étaient affectés un plus ou moins grand nombre d'hommes en congé.

Ce nombre serait évidemment beaucoup plus considérable dans le cas d'un appel général, comme, par exemple dans le cas d'une guerre avec une des puissances de l'Europe centrale. Le temps du rassemblement en serait augmenté en proportion ; on voit donc, si l'on veut tirer quelque enseignement pratique de la mobilisation de 1876, qu'il faut un temps très-considérable à la Russie pour réunir ses réserves, et que cette puissance serait notablement en retard sur la Prusse et la France, où le passage du pied de paix au pied de guerre peut se faire en huit jours environ.

Cette première mobilisation fut, on le sait, suivie, à quelques mois de date, de celle des troupes qui vinrent au mois de janvier remplacer dans les garnisons de la Russie méridionale deux corps de l'armée du Sud et les rendre enti ment disponibles pour les opérations, puis de celle des corps formant l'armée de réserve, qui se confondit bientôt avec la première arrivée en ligne. Après les premiers échecs de Plewna, vers le mois de juillet, on mobilisa encore la garde et les grenadiers ; cette opération s'exécuta beaucoup plus régulièrement que la première fois. L'expérience acquise dans un premier essai avait porté ses fruits et, grâce à de nouvelles mesures prises par l'autorité militaire, on arriva à de bons résultats.

Cette dernière mobilisation n'eut pas d'ailleurs le caractère de spontanéité, qui avait distingué celle du mois de novembre. On peut dire que depuis cette époque, elle s'était faite insensiblement pour toutes les fractions non désignées dans la première formation ; de sorte qu'au moment où parut l'ordre d'exécution, il s'en fallait de peu que l'opération ne fût déjà accomplie.

En ce qui concerne les mesures adoptées par le gouvernement pour parer aux mécomptes survenus pendant la mobilisation de 1876, nous citerons en particulier un ordre du ministre de la guerre, daté du 27 mars 1877 et relatif au transport sur les points de rassemblement, des réservistes en cas de mobilisation. On y relève ce qui suit :

Article 1er. Lorsque les centres de rassemblement sont éloignés de plus de vingt-cinq werstes (1) des lieux de résidence des réservistes, ces derniers y sont dirigés soit sur des voitures, soit par les voies ferrées, maritimes ou fluviales.

D'autres articles, ayant trait à des dispositions d'ordre général et de comptabilité, complètent ces prescriptions, qui font voir que l'on avait cherché à bien définir le cas dans lequel les hommes auraient à se servir des chemins de fer pour se rendre à leur corps, et à éviter par suite un emploi

(1) La werste = 1 k. 066.

abusif des voies ferrées. Ce ne fut pas, du reste, la seule mesure nouvelle qui fut prise à la suite de l'expérience acquise dans les premiers transports. Nous aurons lieu d'en signaler de plus importantes encore, en nous occupant des concentrations.

IV

CONCENTRATION

Les détails que nous avons donnés sur l'état du réseau russe ont dû faire pressentir au lecteur qu'il ne pouvait être question, pour la Russie, de renouveler dans la concentration de ses troupes l'opération gigantesque et foudroyante qui jeta en 1870, et dans un délai de quinze jours, 400.000 Allemands sur notre frontière.

Nous avons fait remarquer qu'un seul débouché conduisait en Roumanie ; mais pour une concentration en Bessarabie, et tel était le cas en 1876, on disposait, à la grande rigueur, non compris la voie ferrée allant vers le Caucase, de deux lignes de transport séparées aboutissant à Kichineff et à Balta.

De ces deux points *terminus*, Kichineff seul est en Bessarabie et à portée de la frontière ; le deuxième en est assez éloigné. De Balta à Kichineff, on compte en effet 90 kilomètres, c'est-à-dire au moins cinq étapes. En admettant que ces deux débouchés fussent utilisés, on peut calculer le temps qu'il aurait fallu pour réunir en Bessarabie une armée de six corps tels que ceux qui formèrent l'armée du Sud.

Ce temps est, on le sait, fonction du nombre de trains, de leur espacement en vingt-quatre heures et de la durée du trajet. Le nombre lui-même des véhicules d'un train dépend de la nature de la ligne. En Russie, il ne dépasse pas

30 voitures, quand en France et en Allemagne il peut s'élever jusqu'à 50.

Il faut donc, toutes choses égales d'ailleurs, un plus grand nombre de trains pour un corps d'armée russe que pour un corps d'armée français ou allemand.

Ainsi pour l'infanterie, on compte 1 train par bataillon; 5 par régiment avec ses bagages; 4 pour une brigade de chasseurs à 4 bataillons; 1 pour un état-major divisionnaire;

Pour la cavalerie, il faut 1 train par escadron; 5 pour un régiment avec ses bagages; 6 pour un régiment de cosaques.

L'artillerie demande 4 trains pour 3 batteries montées; 12 trains pour une brigade montée; 2 pour une batterie à cheval; 5 pour une brigade à cheval.

Les parcs sont fractionnés ainsi qu'il suit : un bataillon de sapeurs : 2 trains; un demi-bataillon de pontonniers : 4 trains; un parc télégraphique : 1 train; un parc de corps d'armée : 20 trains.

Il en résulte qu'une division d'infanterie avec son artillerie nécessite : 39 trains, dont 20 pour les 4 régiments; 1 pour l'état-major; 6 pour le régiment de cosaques, et 12 pour la brigade d'artillerie.

Une division de cavalerie légère : 27 trains, dont 20 pour les 4 régiments; 5 pour la brigade à cheval; 2 pour l'état-major et le complément du matériel.

Une brigade de sapeurs : 15 trains, dont 6 pour les 3 bataillons de sapeurs; 8 pour les deux demi-bataillons de pontonniers et 1 pour le parc télégraphique.

En appliquant ces règles de fractionnement et en se basant sur la constitution organique du corps d'armée russe avant la guerre, on trouve que le nombre de trains nécessaires pour un corps pouvait varier entre 114 et 130.

On a vu d'autre part qu'il n'était guère possible de dépasser, sur les lignes russes, un débit de 12 trains par vingt-quatre heures. En tenant compte de ces deux facteurs de la durée du transport et enfin du temps du trajet, on trouve qu'il aurait fallu environ à la Russie 40 jours, à dater du commencement du transport, pour concentrer, en Bessarabie, une armée de 6 corps.

Il convient d'ajouter à ce délai le temps consacré à la mobilisation; c'est-à-dire 15 jours environ. Ce chiffre n'est que l'expression du temps matériel nécessité par cette opération ; car, si l'on voulait apprécier la durée de la mobilisation comme on le fait en France, en partant de la déclaration de guerre, il faudrait, en se fondant sur ce que nous avons dit plus haut, y ajouter encore le temps qui s'est écoulé entre le décret impérial et le moment fixé pour le premier jour de la mobilisation, c'est-à-dire encore une période de quinze jours; période supplémentaire dont il faudra toujours tenir compte, du reste, dans le cas d'une guerre européenne, car elle est nécessitée par l'immensité du territoire russe.

Un mois pour la mobilisation, 40 jours pour la concentration, c'est-à-dire une période de 70 jours comptée à partir de la déclaration de la guerre, voilà donc la durée que le calcul assignait à l'ensemble de ces deux grandes opérations. Dans la pratique, cette période fut quelque peu abrégée. Nous allons en exposer sommairement les raisons.

Le casernement des troupes en Russie n'est pas généralisé comme en France. Dans le plus grand nombre des gouvernements, une partie notable des troupes est logée chez l'habitant. Or, après les manœuvres de l'été de 1876, les régiments qui y avaient pris part, au lieu de revenir dans les localités où ils étaient stationnés au commencement de l'année, furent, en prévision de l'éventualité d'une guerre avec la Turquie, dirigés sur des cantonnements situés beaucoup plus vers le sud. Il en résulta qu'au moment de la mobilisation, ces troupes ne se trouvaient plus très-éloignées de leur point de concentration et purent s'y rendre par étapes.

D'un autre côté, on ne se conforme pas en Russie aux principes adoptés dans le reste de l'Europe pour un appel sous les drapeaux. La violation de ces principes très-sages, en vertu desquels on ne met en mouvement les troupes qu'une fois complétées en réservistes, ne pouvait pas avoir le même inconvénient dans les circonstances présentes, puisque il n'y avait pas eu encore de déclaration de guerre.

Il en résulta que les transports de troupes à destination de la Bessarabie commencèrent aussitôt après la réception de l'ordre de mobilisation.

Un grand nombre de régiments n'attendirent pas leurs réservistes pour se mettre en route, et ne les reçurent que longtemps après leur arrivée sur les points de rassemblement. Le 4 novembre, c'est-à-dire avant que l'ordre de mobilisation n'eût reçu officiellement son exécution, on signalait déjà le passage de troupes dans les environs de Kichineff.

Le mouvement se continua ainsi pendant tout le mois de novembre et celui de décembre. Vers la fin de ce dernier mois toute l'armée se trouvait concentrée; elle avait donc mis 60 jours à dater de l'ordre impérial. On voit ainsi qu'en tenant compte de ce que les transports de concentration avaient commencé déjà pendant la période de mobilisation, les calculs avaient été à peu près vérifiés.

Un mouvement de troupes de cette importance, exécuté pour la première fois sur le réseau défectueux que nous avons décrit dans la première partie de cette étude, ne pouvait se faire avec une régularité parfaite.

Il ne faut pas oublier en outre que cette concentration s'opérait dans la saison la moins avantageuse; à plusieurs reprises des tempêtes de neige arrêtèrent les trains, qui restèrent pendant de longues heures en détresse sur les voies.

D'autre part, il est incontestable que le fonctionnement des haltes-repas laissa parfois à désirer, et que les troupes transportées eurent à subir de grandes privations.

La preuve en est dans ce démenti adressé, le 25 janvier 1877, à un journal qui avait signalé des défectuosités dans les transports. La feuille ministérielle s'exprime ainsi :

« Bien que dans ce premier essai on ait rencontré plusieurs difficultés imprévues, le transport des hommes et des chevaux destinés à compléter les corps de troupes, et le transport de ces corps de troupes mêmes sur les frontières du Midi, ont été, malgré les conditions très-défavorables que présentait la saison, exécutés avec une régularité parfaite et tous les corps d'armée ont été rendus à leurs points de destination, aux termes fixés dans le plan préalable de la mobilisation. — Des aliments chauds ont été distribués chaque jour aux soldats et toutes les mesures ont été prises pour conserver la santé des troupes; l'excellent état sanitaire de tous les corps d'armée en est la preuve. Un semblable résultat suffit à affirmer le succès complet de la mobilisation. »

Pour qui connaît le régime de la presse en Russie, cette réfutation laissait bien supposer que tout n'avait pas été parfait dans les transports.

Il n'en pouvait être autrement; le gouvernement sentit d'ailleurs si bien la nécessité de remédier dorénavant aux irrégularités qui s'étaient produites dans la première mobilisation qu'il chargea une commission spéciale d'en étudier les causes.

Voici les points principaux sur lesquels devaient porter les recherches de cette commission :

Quels sont les obstacles qui ont entravé le plus les transports de troupes ; — Cause des grands retards qui se sont produits quelquefois ; façon de transporter les hommes restés en arrière ; — Motif qui s'est opposé à l'arrivée en temps utile du matériel roulant des lignes du Nord sur celles du Midi ; — Y a-t-il plus d'avantages à ce que l'autorité militaire fixe ses itinéraires elle-même, ou bien que le mode de transport soit réglé d'accord avec les compagnies ; — A quoi attribuer la grande perturbation qui s'est produite, le 24 novembre, dans les transports et qui a occasionné des retards si préjudiciables ; — etc., etc.

On voit que le programme imposé à la commission avait le caractère d'une enquête sérieuse. Nous y trouvons en même temps la preuve des nombreux à-coups qui s'étaient produits et que le gouvernement était résolu à empêcher à l'avenir autant que faire se pourrait.

La seconde partie de ce programme avait un objet plus technique ; elle imposait à la commission l'obligation d'introduire d'importantes réformes dans l'organisation du service des transports. Celle-ci avait à traiter les questions suivantes :

En se basant sur ce que les transports ne doivent commencer que dans un délai de cinq jours après la réception de l'ordre de mobilisation, peut-on, dans cette période de temps, augmenter le mouvement des trains de marchandises de manière à débarrasser les lignes et les gares de tous les colis, qui s'y trouvent ?

Est-il possible de réduire le nombre de trains, qui ont été mis en mouvement dans les transports de la fin de l'année 1876 et de leur imprimer une plus grande vitesse ?

Quels inconvénients a présentés l'usage des locomotives

appartenant à des lignes étrangères au point de vue de la traction et du combustible ?

Combien peut-on atteler de locomotives non chauffées, en tenant compte du profil de la ligne, des ouvrages d'art, etc. ?

Enfin combien d'employés peut-on détacher des lignes non utilisées par l'armée pour organiser un service supplémentaire sur les voies ferrées où il se produit une augmentation dans le transit normal.

Tels étaient les nombreux points, aussi bien du domaine technique que du domaine militaire, sur lesquels on appelait l'attention de la commission. Elle se mit franchement à l'œuvre et l'on put constater dans les transports qui eurent lieu plus tard, dans le mois de juillet, entre autres, l'heureux effet des réformes qu'elle avait proposées.

Une des premières et des plus importantes fut l'institution d'un *comité temporaire exécutif pour les transports de troupes*.

L'ordre impérial, daté du 25 avril 1877, édictait, en outre, les prescriptions suivantes, que nous allons résumer et qui définissent bien les principes de cette nouvelle organisation.

1° Le comité est chargé de prendre, à partir du jour de la mobilisation, toutes les dispositions concernant les transports militaires par chemins de fer et la préparation des itinéraires.

2° Il est organisé par le ministre de la guerre, qui lui fournit tous les moyens matériels nécessaires à son fonctionnement.

3° Font partie du comité, le directeur des transports sur les voies ferrées, fluviales et maritimes, et l'inspecteur en chef du service des chemins de fer au ministère du commerce.

4° Pendant la durée de la mobilisation, ces deux hauts

fonctionnaires donnent, chacun en ce qui le concerne, les ordres généraux et les prescriptions de détail.

5° Ils agissent indépendamment et ont les mêmes droits. Ils servent d'intermédiaire entre le comité temporaire et tous les autres fonctionnaires. Leurs ordres doivent porter leurs deux signatures. Dans le cas d'une divergence d'opinion, les deux ministres sont saisis de la question et tranchent en dernier ressort.

6° Le comité temporaire entre en fonctions à partir du jour de l'ordre de mobilisation.

7° Pendant cette période, le comité temporaire est chargé de donner les ordres concernant les transports militaires ayant lieu en deçà de la base d'opérations.

Plus tard, dans le courant de mai, d'autres instructions émanées du ministre du commerce soumirent à une autorisation préalable du ministre toutes les mutations et changements de résidence demandés par les employés ou ingénieurs, en même temps qu'elles réclamaient de ces derniers leur concours pour l'organisation du service technique des transports militaires.

L'examen des mesures prises par le gouvernement russe pour assurer ses transports militaires nous a fait un peu anticiper sur les événements. Reprenons maintenant l'ordre chronologique des faits.

La déclaration de guerre avait été lancée le 23 avril et les troupes s'étaient mises immédiatement en mouvement pour passer le Pruth.

Le libre passage des troupes russes en Roumanie avait été l'objet d'une convention conclue le 16 avril entre les deux États contractants. Les détails relatifs à l'emploi des chemins de fer furent réglés par une annexe, dont il importe de reproduire les articles principaux en tant qu'ils se rapportent à notre étude. Ils étaient ainsi conçus :

« La Roumanie accorde aux Russes l'usage des chemins de fer, des communications fluviales, des routes, des postes, des télégraphes, elle met à leur disposition toutes les ressources du pays pour leurs approvisionnements.....

« Pour les transports, l'armée russe sera assimilée à l'armée roumaine, elle aura les mêmes priviléges auprès des compagnies de chemins de fer. Le gouvernement s'engage à réduire les tarifs de 40 p. 100.

« Le ministre des travaux publics donnera des instructions pour accélérer les transports militaires des Russes. Les trains militaires auront la priorité, excepté sur les trains postaux et sur ceux qui transportent des troupes roumaines. Le nombre des trains de voyageurs pourra être diminué et les trains de marchandises pourront être supprimés. L'unité de rails sera établie pour éviter le transbordement nécessité par la différence d'écartement entre les voies russes et les voies roumaines.

« Un comité spécial composé des délégués des compagnies de chemins de fer siégera sous la direction du ministre des travaux publics. La direction des transports de l'armée russe appartiendra au chef des communications militaires russe, qui, avec l'approbation du ministre, pourra destituer les employés.

« Si les Russes construisent des tronçons de chemins de fer, la Roumanie accordera le terrain, mais le matériel mobile de ces chemins de fer retournera seul à la Russie. Les compagnies continueront à exploiter leurs réseaux, mais elles seront indemnisées. »

Tels étaient, en ce qui concerne l'usage des chemins de fer roumains, les principaux termes de cette convention annexe, qui réglait en outre toutes les questions relatives aux postes, au cantonnement, aux hopitaux, etc.

On remarquera qu'une des clauses de cette convention

prévoyait l'unification des voies russes et roumaines au point de vue de l'écartement des rails. Cette clause ne put être appliquée, comme on l'espérait, sur toute l'étendue de la ligne jusqu'à Bucharest.

Plusieurs systèmes avaient été proposés pour résoudre ce problème. On avait pensé un instant qu'il suffirait d'un rail jointif, placé extérieurement à l'un des deux rails de la voie roumaine, qui aurait pu alors servir au passage des wagons russes. Mais la différence d'écartement $0^{m},089$, était trop faible pour qu'on pût juxtaposer un troisième rail et l'on ne put employer cet expédient.

On se contenta alors de réaliser l'unité de rails, sur le tronçon de Ungheni (c'est-à-dire de la frontière) à Jassy, où depuis longtemps avait été établie la gare internationale; ce tronçon, long de 20 kilomètres environ, était à l'écartement russe. On y arriva très-vite et à des frais relativement peu considérables de la façon suivante : On posa deux rails à écartement continental alternés avec les deux rails de la voie russe, de sorte que le tronçon, tout en n'étant qu'à une voie, présentait quatre rails.

La difficulté principale résidait dans les voies d'évitement des stations; on résolut le problème au moyen d'un système d'aiguillage assez compliqué et qui exigeait le concours de deux hommes pour chaque aiguille. La nouvelle voie, commencée en mai et poussée avec une grande activité, fut terminée en juin ; à cette époque, le tronçon Ungheni-Jassy fut praticable pour les véhicules des deux dimensions, qui purent ainsi arriver jusqu'à la frontière.

Pendant que ces travaux s'exécutaient ainsi sur les derrières de l'armée, celle-ci avait continué son mouvement en avant. Il ne pouvait être à ce moment question pour elle de se servir des chemins de fer dans sa marche vers le Danube ; tout le trajet se fit donc par étapes. La voie ferrée de

Jassy-Galatz fut exclusivement réservée pour le transport des pièces d'artillerie, des pontons et du matériel de guerre qu'il s'agissait d'acheminer le plus tôt possible vers le Danube au coude de Galatz.

L'entière possession de cette voie ferrée était d'une importance capitale pour l'état-major russe. Aussi s'occupa-t-il tout d'abord de mettre à l'abri d'un coup de main, très-possible des Turcs, les ouvrages d'art qu'elle comprend. Au nombre de ces derniers, il faut citer le pont de Barboche sur le Sereth, un peu au-dessus du confluent de ce cours d'eau avec le Danube.

Cet ouvrage repose sur onze piles, le tablier en est soutenu par des supports paraboliques en fer. Il a huit travées de 19^{m},4 sur chaque rive, plus deux grandes travées de 47 mètres, directement au-dessus du Sereth.

Les Turcs par leurs canonnières et leurs monitors étaient absolument maîtres du Danube à cette époque; s'ils étaient parvenus à faire sauter la pile du milieu, il en serait résulté une interruption de 94^{m}. Or le pont a 246^{m} de longueur; des deux côtés, les rives du Sereth sont inondées à une distance de 21 kilomètres et le remblai du chemin de fer qui émerge seul au-dessus de la plaine liquide constitue l'unique moyen de communication sur ce point.

En tenant compte de cette circonstance que, dans le cas d'une destruction, il ne se trouve nulle part de place pour établir un pont provisoire, les travaux de réparation, au dire d'ingénieurs compétents, devaient exiger une durée de trois mois environ. On voit de suite quelles graves conséquences aurait amenées la destruction de cet ouvrage ; toute la campagne pouvait être compromise. Le réseau roumain aurait été coupé en deux ; la partie située en Valachie complétement perdue pour les Russes, qui auraient été obligés d'acheminer par terre vers le Danube, charrois, matériel et subsistances.

On ne comprend pas l'aveuglement des Turcs dans cette question capitale. Ce pont fut laissé sans protection aucune, et quand les premières troupes russes, forçant leur marche, l'atteignirent le soir du 24 avril, elles purent sans être inquiétées en protéger les abords par l'installation de fortes batteries. Dès lors rien n'empêchait plus les trains russes d'arriver jusqu'à Bucharest.

A la fin de mai, quatre corps de l'armée du Sud, les 8e, 4e, 11e et 12e, avaient accompli leur mouvement vers le Danube, la plupart par étapes, et se trouvèrent échelonnés le long du fleuve. Seul le 4e corps, cantonné primitivement à Balta, et qui avait le plus long chemin à parcourir, avait pu utiliser à partir de Galatz la voie ferrée pour une partie de ses éléments ; grâce à ce transport, il avait pu rattraper le temps perdu et arriver en ligne avec les autres.

Les 7e et 10e corps, qui complétaient cette armée, étaient restés pendant cette marche sur le littoral de la mer Noire. Le 7e n'avait du reste pas tardé à quitter ses cantonnements. Il y fut remplacé par le 12e, qui fut transporté de Jitomir (gouvernement de Kiew) à Odessa, par chemin de fer, tandis qu'une armée de réserve formée des 15e, 13e, 14e corps, mise en route dès le moment de la déclaration de guerre, s'acheminait également vers le Danube.

Deux de ces corps d'armée exécutèrent leurs mouvements par voie ferrée. En premier lieu le 14e corps fut transporté de la circonscription militaire de Kiew, où il avait été formé par la ligne de Kichineff-Jassy-Galatz, où il laissa une division, Braïla et Bucharest jusqu'à la station de Vidra, au sud de cette dernière ville ; son mouvement, commencé le 20 mai fut terminé le 10 juin ; il avait donc duré vingt jours.

Le transport de ce corps fut suivi de celui du 4e, concentré dans la circonscription de Vilna ; ce dernier dut s'arrêter sur le bas Danube, où il forma l'aile gauche de l'armée active d'opérations. Retardé par le mouvement des derniers éléments du 14e corps, il ne parvint à destinatiou que vers la deuxième moitié de juin.

Au mois de juillet 1877, les grands transports de concentration étaient terminés. Le transit sur les lignes roumaines semblait ne plus devoir comporter que les expéditions courantes de personnel et de matériel entre l'armée et sa base d'opération.

Cet état de choses ne dura pas longtemps. Les batailles sanglantes et sans résultat heureux qui se livrèrent sous Plewna démontrèrent bientôt l'insuffisance numérique des forces massées en Bulgarie.

Il fallait à tout prix à la Russie un grand succès militaire pour décider du sort de la campagne avant l'arrivée de la mauvaise saison, Dans ce but elle se résigna à un effort colossal qui rappelle ceux qui avaient signalé les grandes crises nationales de 1812 et de 1855.

Tandis que d'une part, on épuisait jusque dans ses dernières limites les ressources du contingent annuel et que l'on constituait la plus grande partie de la milice, de l'autre, on créait de nouveaux corps d'armée au moyen des 4es bataillons et des 3es divisions existant déjà dans les 1er, 2e et 6e corps. La garde impériale reçut en même temps son ordre de mobilisation, ainsi que le corps des grenadiers.

Pendant que s'exécutaient ces mesures décrétées le 1er août, on dirigea immédiatement par voies ferrées sur Bucharest le 5e corps d'armée. Ce dernier déjà mobilisé était cantonné dans le sud de la Pologne et avait son quartier général à Radom. Son mouvement commença vers le 3 août et dura une douzaine de jours.

La garde impériale lui succéda. Une division de ce corps d'élite, la troisième, surnommée la jeune garde, était en Pologne, les deux autres, la première et la deuxième, formant ce qu'on appelait la vieille garde, se trouvaient à Pétersbourg. L'itinéraire de ces deux divisions fut fixé par Moscou et Koursk, tandis que la 3e division et une grande partie de l'artillerie prenaient la ligne de Varsovie à Odessa. Cette dernière direction fut également suivie par les deux divisions de grenadiers stationnées en Pologne, et qui furent envoyées en Bulgarie.

En même temps les troupes désignées pour renforcer l'armée d'Arménie étaient transportées vers le Caucase par les lignes situées dans la partie orientale de l'empire.

Le mouvement de la garde commença le 15 août par les régiments de cavalerie qui se trouvaient déjà sur le pied de guerre, l'artillerie vint après, alternée avec l'infanterie.

Le dernier échelon, formé par cette arme, ne dut partir que le 10 septembre. L'écoulement de ce corps d'armée d'un effectif très-considérable, il est vrai, avait donc duré près d'un mois.

Il faut remarquer cependant que ce transport se combinait sur les lignes roumaines avec celui des trains de matériel et de subsistances nécessaires au ravitaillement de l'armée.

Le transport des deux divisions de grenadiers s'effectua dans les mêmes conditions après le passage de la garde. Tous ces mouvements s'exécutèrent avec une assez grande précision et il n'y eut que très-peu d'irrégularités à signaler.

Quoi qu'il en soit, si ce grand et long transport s'opéra sans trop de difficultés sur les lignes russes, grâce aux mesures prises par le gouvernement et que nous avons signalées précédemment, il n'en fut pas de même sur les lignes roumaines. Dans son rapport sur cette opération, le grand-duc Nicolas, commandant en chef de l'armée, se répand en plaintes amères sur l'état des chemins de fer de la Principauté.

« Les chemins de fer roumains se sont montrés encore plus mal construits que je ne m'y étais attendu ; ils manquaient surtout de personnel et de matériel. La précipitation avec laquelle les ouvrages d'art ont été élevés a été un des principaux motifs des nombreuses ruptures de ponts qui se sont produites pendant le transport. »

D'autre part, le chef d'état-major général de l'armée du Danube énonçait dans une note officielle, que nous résumons ainsi qu'il suit, ses griefs contre l'administration des chemins de fer roumains.

1° Les tarifs ont été élevés avant l'entrée des troupes russes en Roumanie.

2° Le payement a été basé, contrairement aux usages en vigueur, non sur le nombre d'hommes transportés, mais sur le nombre de places réelles existant dans les wagons.

3° On a évalué à un prix extraordinairement bas l'indemnité à allouer à la Russie pour le matériel roulant qui a été prêté à la Roumanie par les lignes de la Pologne (1) pour augmenter ses moyens de transport.

4° Malgré les avantages que procure à la Principauté le transport de grandes masses de troupes, on n'a pris aucune disposition pour assurer la sécurité des trains militaires. Il en est résulté des retards et des accidents dans des proportions très-considérables.

5° Les réparations ont été faites avec beaucoup de lenteur. Les règlements en vigueur ont été rarement observés. Pendant tout un mois, les voitures n'ont pas été éclairées la nuit.

(1) Nous avons dit précédemment que la voie continentale n'existait en Russie que sur quelques lignes de la Pologne. L'une d'elles, la compagnie du chemin de fer de Varsovie à Vienne, dut fournir 500 wagons et 25 locomotives, et pour parer à ce déficit, elle fut obligée d'emprunter elle-même du matériel en Autriche. Le gouvernement roumain lui allouait par jour 120 fr. par machine et 6 fr. par wagon.

Le chef d'état-major général concluait, en terminant son rapport, qu'il était indispensable de tenir compte de toutes ces observations pour faire cesser à l'avenir ces causes d'irrégularité et de mauvaise exploitation.

On voit par ces documents, qui sont officiels, combien les chemins de fer roumains avaient laissé à désirer pendant cette opération si délicate de la concentration. Aux difficultés provenant du mauvais état des lignes, d'un tracé défectueux et de l'insuffisance de matériel (1) s'ajoutait pour les Russes un certain mauvais vouloir de l'administration roumaine. Le personnel d'exploitation était en outre assez mélangé et peu digne de confiance ; aussi dut-on faire venir de l'intérieur de l'empire un grand nombre d'employés pour le renforcer ou l'améliorer.

Tout en remédiant dans la mesure du possible à ces imperfections, car l'usage de ces lignes avait une importance immense pour l'armée, en ce sens qu'elles constituaient sa seule ligne d'opérations, l'autorité militaire ne perdit pas un instant pour augmenter ses débouchés vers le théâtre de la guerre.

Les premiers échelons russes venaient à peine d'entrer en Roumanie, que l'on commençait déjà les études préparatoires du tracé d'un chemin de fer reliant directement Bender à Galatz, et destiné à éviter l'immense détour que les trains avaient à faire en passant par Jassy. Un délai de cinq mois était accordé à l'entrepreneur, qui posait les conditions léonines d'une indemnité de 85.000 roubles par werste, environ 340.000 fr. par kilomètre.

Grâce à ces sacrifices pécuniaires et à l'activité, qui fut, du reste déployée dans cette construction, ce chemin de fer

(1) L'administration des lignes roumaines ne put mettre que 1.400 à 1.600 véhicules, tant wagons que truc la disposi ion du service des transports russes.

put être livré dans le mois de novembre 1877 à une commission russe. Le 19 de ce même mois, un train de 20 wagons circula sur la ligne. Par suite de l'ouverture de cette section, un train express parti de Pétersbourg ne mettait plus que 73 heures pour arriver à Bucharest.

La nouvelle ligne est à une voie, elle utilise la route de terre en passant par Tatar-Bunar et Bolgrad, traverse le Pruth à Bent et se relie à Galatz avec la ligne moldave venant de Jassy. Les ponts sont tous en bois et construits d'après le système américain. Un petit embranchement se détache d'Ismaïl et va aboutir à Reni.

Deux autres lignes, destinées à n'en constituer plus tard qu'une seule, furent également entreprises après le passage du Danube à Giurgevo, en face de Rustschuk.

Cette forteresse est restée jusqu'à la paix au pouvoir des Turcs; il ne pouvait donc être question de déboucher sous le canon de cette place. Aussi l'état-major russe songea-t-il, pour prolonger jusqu'en Bulgarie sa ligne d'opérations par voie ferrée, à construire à 14 kilomètres environ au nord de Giurgevo une ligne se dirigeant vers Simnitza sur le Danube. Ce point où l'armée effectua de vive force, comme on se le rappelle, le passage du fleuve, devait être relié par un pont à Sistowa, et la ligne devait continuer alors vers le sud jusqu'à Tirnowa, capitale de la Bulgarie.

Le 7 septembre 1877, les travaux commencèrent sur la section Fratesti-Simnitza, longue de 80 kilomètres. Un délai très-court avait été accordé à l'entrepreneur, il devait livrer la ligne vers le 15 octobre ; mais les mauvais temps retardèrent beaucoup les travaux, et l'on ne put commencer l'exploitation que vers la fin de novembre. Construit d'une manière très-expéditive, ce chemin de fer ne rendit pas les services qu'on en attendait ; à tout moment le service y fut interrompu à cause des dégradations, qui s'y produisirent.

Quant à la ligne de Tirnova, d'une longueur de 61 kilomètres, elle ne pouvait avoir d'utilité réelle qu'à la condition d'être mise en communication avec celle de Simnitza. L'établissement d'un pont sur le Danube était un obstacle des plus sérieux. On ne put le surmonter. On avait d'abord pensé à se servir d'un ponton flottant pouvant transporter des trains, tel que ceux qu'on trouve sur le Rhin ; mais cette idée ne prévalut pas (1). C'est alors que deux savants éminents, l'ingénieur Paukler et le colonel Struve proposèrent et firent accepter l'adoption d'un système de leur invention.

Ce moyen de passage consistait en un pont soutenu par des cylindres flottants en fer. Quatorze de ces appareils, de 1^{m},25 de diamètre, devaient être réunis deux à deux, chaque groupe espacé de manière à soutendre une ouverture de 4 mètres. Ces cylindres auraient été maintenus au moyen d'ancres et protégés par des brise-glace. Le tablier devait avoir 6 mètres de large et être partie en bois, partie en fer.

Malheureusement, on ne put même juger de la bonté du système ; car le transport de ces énormes engins sur les chemins de fer éprouva de si sérieuses difficultés qu'ils ne purent continuer leur route et qu'on fut forcé de les réexpédier à Varsovie. On renonçait ainsi assez piteusement à une entreprise qui avait défrayé la littérature technique pendant plusieurs mois.

Pour terminer l'histoire de ces tentatives qui furent plus ou moins couronnées de succès, il faut encore ajouter l'idée

(1) On vient de revenir à ce moyen. On annonce en effet de Bucharest (mai 1878) qu'après des difficultés inouïes on est parvenu à amener sur le Danube un des grands bacs à vapeur du Rhin. Ce ponton flottant peut recevoir 8 wagons et fait la traversée du fleuve en une demi-heure. La jonction des lignes de Bulgarie et de Roumanie est donc accomplie.

d'une ligne de Biela, station de la ligne de Tirnowa, à Plewna. Ce projet ne reçut qu'un commencement d'exécution et fut abandonné après la chute du dernier boulevard d'Osman-Pacha.

Nous avons passé en revue dans ce chapitre, intitulé *Concentration*, les dispositions prises par l'autorité militaire pour assurer les grands transports de troupes, et pour corriger les imperfections des premières expériences ; nous avons donné une idée de la manière dont ces transports s'étaient opérés, et indiqué les troupes qui en avaient été l'objet ; nous venons enfin de montrer, comment la Russie avait cherché à remédier par la construction de lignes nouvelles aux lacunes existant dans le réseau qu'elle avait à sa disposition ; il nous reste à examiner maintenant comment s'est effectué le service des évacuations.

V

ÉVACUATIONS

L'humanité est en progrès ; le fait est certain. On en douterait cependant, lorsque, étudiant l'histoire des guerres sanglantes de notre dix-neuvième siècle, on constate l'existence de ces armes perfectionnées qui atteignent à des distances énormes, ou de ces engins terribles qui engloutissent en un clin d'œil des centaines de victimes.

Mais si la civilisation a été impuissante à arrêter l'essor des moyens de destruction, elle a fait beaucoup dans cette seconde moitié de siècle pour en atténuer les effets. Ne pouvant empêcher le mal, chose peut-être fatidique, elle s'est appliquée à le guérir. De là la convention de Genève.

Les chemins de fer sont sans contredit un des auxiliaires les plus importants de cette utile société de la Croix-Rouge.

Que de vies humaines ils ont sauvées, grâce à la facilité qu'ils offrent de soustraire les malades et les blessés aux privations inhérentes à un pays dévasté par la guerre ; combien d'hommes ont dû leur existence au bonheur de retrouver rapidement, au milieu de l'air natal, les soins empressés de leurs parents, de leurs amis, de leurs compatriotes.

Mais si les bienfaits sont grands, par contre la tâche est lourde et compliquée. Il ne s'agit plus d'hommes jeunes, valides, pleins d'entrain, se contentant d'une planche dure pour tout siége, et pouvant supporter pendant le voyage la faim, le froid, les ennuis d'un long parcours. Ce qu'il faut transporter maintenant ce sont des soldats épuisés par une longue campagne, minés par la fièvre, des blessés pour lesquels le moindre ébranlement est une torture, ou enfin des prisonniers de guerre.

Aussi pour soulager de pareilles misères toutes les nations civilisées ont adopté des mesures particulières pour le transport des blessés ; en outre elles ont créé des trains sanitaires. Le train sanitaire n'est autre qu'un hôpital roulant. Malheureusement il coûte fort cher, et l'on ne peut en posséder assez pour satisfaire à tous les besoins. Les gouvernements n'ont pu l'adopter d'une manière générale, ils l'ont laissé aux sociétés particulières de secours, et se sont contentés d'approprier tant bien que mal à cet usage des wagons de marchandises.

Mais la possession d'un moyen de transport ne suffit pas, il faut encore, pour que cette grave question de l'évacuation soit résolue d'une manière satisfaisante, que des mesures de détail en règlent d'une manière formelle, les parties les plus minutieuses.

Or, au moment où la guerre fut déclarée, il n'existait pas dans l'armée russe de règlement complet sur le service de santé en campagne. Tout se bornait aux dispositions constituant pour chaque division d'infanterie une ambulance divisionnaire, et pour l'armée 84 hôpitaux temporaires de 630 lits chacun. Quant au service des évacuations, il n'y avait rien de prévu.

Le rapport officiel sur les évacuations des malades et blessés, paru dans les premiers jours de l'année 1878 et arrêté au 1er janvier, établit que, du 16 juin au 31 décembre 1877, 71.941 malades ou blessés furent ramenés en Russie.

Sur ce nombre 41.159 avaient été transportés par des trains sanitaires, 30.782 par des trains ordinaires. Le nombre total de trains employés s'éleva à 221. On voit que les trains sanitaires eurent une large part dans ce mouvement; la charité publique avait fait en effet de grands efforts. Au mois de septembre, il y avait déjà 14 trains sanitaires organisés, et ce chiffre déjà notable s'était élevé à 24 au 1er janvier 1878.

18 de ces trains (1), représentant environ 450 wagons, étaient à la voie russe et ne pouvaient par conséquent circuler que dans l'intérieur de l'empire ; 6 étaient à la voie continentale et venant de l'étranger; sur ce nombre, 3 avaient été loués à l'Allemagne du nord, 1 venait de Stuttgard, un autre avait été organisé par la colonie russe de Dresde, le sixième par la colonie russe de Berlin.

Ces résultats paraissent assez satisfaisants au premier abord ; mais on ne peut passer sous silence les nombreuses plaintes dont la presse se fit l'écho, et qui jettent un blâme sévère sur la manière dont les transports furent organisés. Si le nombre des trains sanitaires mis en action par la Russie

(1) La société de la Croix-Rouge, qui avait organisé ces trains et les mettait en mouvement, recevait du gouvernement une indemnité d'environ 4 fr. 50 par jour pour chaque soldat transporté. Ce chiffre comprend les frais de transport et la location des wagons

semble considérable, il ne faut pas oublier qu'ils avaient à parcourir des espaces immenses. Les trajets comportaient parfois plus de 2.000 kilomètres, et avec la vitesse réduite qui leur était imposée, un train mettait quelquefois trois semaines pour l'aller et le retour.

Après les hécatombes de Plewna, alors que le nombre des trains sanitaires n'était pas encore parvenu au chiffre qu'il atteignit au mois de janvier, il se produisit de grandes irrégularités dans le transport.

Ici nous laissons la parole à un témoin oculaire :

« Le 22 août 1877, il passa à Kursk un train d'évacuation formé de vingt-quatre wagons de marchandises, et qui ne contenait pas moins de 400 blessés ; la moitié d'entre eux avaient des blessures graves. Ces wagons avaient récemment servi au transport de bétail ; ils n'avaient été ni nettoyés ni désinfectés ; il n'y avait pas de fenêtres, et l'on était dans l'obligation de tenir les portes fermées, car les malheureux soldats accablés par la fièvre n'avaient ni couvertures, ni matelas, ni oreillers. Leur manteau d'ordonnance leur tenait lieu de tout cela. Un seul médecin se trouvait dans le train ; la disposition des wagons ne lui permettant de changer de voiture qu'à chaque arrêt. Le train ne possédait pas même un seau au moyen duquel les soldats pussent se procurer de l'eau pour apaiser la soif qui les dévorait ; ils ne recevaient de nourriture chaude que toutes les 48 heures. »

Les feuilles russes sont remplies de ces faits douloureux, et rejettent la faute sur les compagnies de chemins de fer, auxquelles elles reprochent leur désordre, leur négligence et leur inhumanité.

En fait, c'est aux vices d'organisation et à l'absence d'une réglementation sévère qu'il faut attribuer une partie des irrégularités dont nous venons de rappeler les si tristes effets.

Nous ajouterons que par suite de négligence ou par suite d'une mauvaise répartition, les hommes atteints de maladies vénériennes absorbèrent une grande partie des trains sanitaires, tandis que les malheureux mutilés de Plewna étaient transportés dans de misérables wagons, couchés souvent sur le parquet nu; sans un peu de litière pour atténuer les cahots du voyage.

Ces maladies furent le fléau de l'armée russe. La moitié des malades rapatriés étaient atteint de cette horrible affection qu'ils avaient apportée, du reste, de leurs garnisons, et qu'ils ne déclarèrent qu'au commencement des hostilités.

La chute de Plewna survenue, comme on sait, le 10 décembre, la débâcle de l'armée turque, qui en fut la conséquence, livrèrent aux Russes une foule de prisonniers, de malades et de blessés qu'il fallut diriger vers l'intérieur concurremment avec leurs propres soldats. Il en résulta à cette époque une crise formidable dans le service des évacuations. Le typhus sévissait avec violence sur les soldats transportés et atteignait même le personnel des chemins de fer. On ne parvenait que difficilement à le recruter et à pourvoir à son remplacement. On fut obligé de prendre des mesures toutes spéciales. Voici celles que préconisa le comité technique institué à cet effet :

1° Dans chaque train de prisonniers un wagon spécial de service sera placé en tête du train, derrière le wagon à bagages; il est destiné à l'escorte et au personnel de la traction.

2° Les employés de la traction doivent être changés tous les 200 kilomètres et faire de temps en temps des fumigations avec du vinaigre.

3° On devra approprier dans les gares des locaux où le personnel pourra se désinfecter à son arrivée.

Suivent d'autres prescriptions d'un caractère purement médical.

Le gouvernement russe n'avait pas tardé à reconnaître combien étaient fondées ces plaintes, qui s'élevaient de tous les points de l'empire. Dès le début de la campagne il avait introduit des perfectionnements dans l'organisation du service de santé, nous citerons à cet égard l'instruction sur le service des brancardiers et l'instruction pour les commandants de trains sanitaires. Cette dernière, promulguée à la date du 13 mai 1877, affectait à chaque train sanitaire un commandant pris parmi les officiers détachés auprès des chemins de fer pour surveiller le transport.

Cet officier, assisté de 5 hommes de troupes, était chargé de veiller, sans se mêler toutefois du service médical, au maintien de l'ordre et de la discipline parmi les malades transportés, aux dispositions matérielles à prendre dans les wagons, éclairage, chauffage, etc., enfin à l'observation des règlements sur les transports militaires.

Un peu plus tard parut, à la date du 7 octobre 1877, le *Règlement sur la répartition et le transport des malades et blessés du théâtre de la guerre vers l'intérieur de l'empire.* Parmi les mesures importantes sanctionnées par ce règlement, il faut citer l'institution de quatre commissions d'évacuation chargées de répartir dans toute l'étendue de l'empire les malades et les blessés qui leur arrivaient.

La première avait son siége à Jassy. Elle recevait les soldats venant du théâtre de la guerre en Europe, et avait dans son ressort les hôpitaux des districts militaires de Kiew-Karkow et d'Odessa.

La deuxième était installée à Wladikaukas. Affectée aux troupes de l'armée d'Arménie, elle les dirigeait sur les hôpitaux de Rostow-Woronech-Tambow et sur ceux que desservait la ligne de Griasi-Zarizin.

La troisième avait Kiew pour résidence. Elle recevait ses malades par les soins de la commission de Jassy et avait charge des établissements hospitaliers de Varsovie, Vilna et de la partie sud du district militaire de Moscou.

La quatrième enfin siégeait à Moscou et répartissait les malades dans les districts de Moscou et de Pétersbourg.

Les deux premières de ces commissions existaient déjà avant le décret ; leur création avait été pour ainsi dire un cas de force majeure : la nouvelle organisation, en doublant leur nombre, définissait leurs attributions d'une façon plus complète et s'occupait, dans les plus minces détails, des mesures propres à leur bon fonctionnement.

Grâce à ces dispositions, on put régulariser le service des évacuations ; mais on le voit, comme dans la concentration, il avait fallu au gouvernement russe les rudes leçons de l'expérience pour arriver à une organisation régulière. En somme, les transports des malades et des blessés laissèrent par moment beaucoup à désirer.

Nous terminons ici l'étude de l'emploi des chemins de fer russes pendant la guerre. Cependant cette monographie ne serait pas complète, si nous ne jetions pas un coup d'œil rapide sur les lignes ottomanes : leur rôle, quoique sérieux, a été beaucoup plus effacé et cette question ne comportera que de faibles développements.

VI

CHEMINS DE FER OTTOMANS

La situation du réseau ottoman au moment de la guerre contre la Russie n'avait pas varié depuis 1875, époque où l'insurrection de la Bosnie et de l'Herzégovine avait fait jaillir l'étincelle qui devait embraser tout l'Orient. La détresse du trésor de la Porte, obligée de faire face aux impérieux besoins du ministère de la guerre, était telle qu'on n'avait pu consacrer la moindre somme à l'extension des voies ferrées. Ces réserves posées, voici quel était l'état du réseau au moment de l'ouverture des hostilités ; tel il est encore actuellement. Il se compose des lignes suivantes, toutes à une voie :

1° Ligne de Constantinople à Ichtiman. . .	600	kilom.
Embranchement d'Andrinople à Dedeagatch.	159	—
— — — à Yamboli. .	96	—
2° Ligne de Rustschuk à Varna.	226	—
3° Ligne de Salonique à Metrovitza. . . .	368	—
4° Ligne de Banialouka à Novi.	102	—
5° Ligne de Tschernavoda à Kustendje. . .	65	—
L'ensemble s'élève à.	1.616	kilom.

Nous insistons à dessein sur cette énumération pour bien marquer la situation particulière du réseau. Quoique le total de kilomètres qui le composent représente un chiffre assez notable, il ne faut pas se faire illusion sur sa valeur.

Un coup d'œil jeté sur la carte permet de se rendre compte de l'indépendance complète de toutes ces lignes et par suite du peu de concours qu'elles peuvent se prêter. Chaque ligne, se trouvant isolée, est pourvue de son matériel roulant particulier. Ce dernier suffit, quoique difficilement, au trafic journalier, mais il est entièrement incapable de répondre aux exigences d'un mouvement de troupes long et continu.

On sait que dans une concentration devant s'opérer sur un réseau établi dans des conditions ordinaires, le matériel est acheminé de tous les points du territoire vers les lignes destinées aux transports, en sorte qu'il existe certaines directions où le transit est à peu près suspendu pendant toute la durée de l'opération.

En Turquie, on ne pourrait avoir recours à cette ressource

par suite du fractionnement du réseau en plusieurs tronçons séparés les uns des autres ; il en résulte que dans ce pays, les transports à effectuer dépendent du nombre de véhicules existant sur la ligne que l'on veut utiliser, nombre fixe, qu'il n'est pas possible d'augmenter et qui est un des principaux facteurs de l'espacement des trains, c'est-à-dire de la fréquence des départs.

Ce nombre de véhicules, nous l'avons dit, n'est pas très-considérable. Sur la principale ligne, Constantinople à Ichtiman et ses embranchements, il n'y avait en 1875 que 62 locomotives et 1613 wagons de voyageurs, de marchandises ou de différentes espèces. La ligne de Salonique à Metrovitza comptait 17 locomotives et 287 autres véhicules, et ainsi du reste.

En se basant sur l'écartement des stations, facteur indispensable pour des lignes à voie unique, sur la longueur du trajet, le temps du retour, et enfin sur la quantité de matériel roulant, on trouve qu'il n'était guère possible, dans les conditions les plus favorables, de faire plus de 5 à 6 trains par jour, dans les deux sens, sur la ligne de Constantinople, et plus de quatre sur celle de Salonique.

Ces deux lignes sont assez médiocrement construites. Les ponts, généralement en bois, n'ont ni tablier, ni parapets ; les traverses sont établies directement sur les poutres de faîtage, ce qui leur donne l'aspect de ponts de chevalets. De plus, par suite de la négligence apportée dans leur construction, ils n'ont pas les dimensions suffisantes pour permettre un passage facile pendant les grandes crues, et leurs abords sont souvent interceptés par les eaux.

Les gares, à l'exception de celles des toutes grandes villes, sont en bois et ont des installations provisoires ; elles sont pour la plupart à une grande distance des points qu'elles desservent.

De quais, il n'en existe qu'à Constantinople; enfin, le nombre des voies de garage est très-restreint.

Les moyens d'alimentation des locomotives sont rudimentaires; ils consistent en de grandes cuves en bois, que l'on arrive à remplir tant bien que mal. Elles sont situées souvent à une assez grande distance des stations, ce qui force les trains à de nouveaux arrêts sur ces points.

Les termes du cahier des charges ont été éludés dans bien des circonstances; ainsi, on a dépassé très-souvent la limite minimum des rampes et des courbes, et, dans un but financier facile à comprendre, puisque l'entreprise était à forfait et à tant le kilomètre, on a introduit, dans le tracé, un grand nombre de lacets pour allonger la distance. Il en résulte que l'exploitation est difficile et qu'on ne voyage pas la nuit.

Au point de vue stratégique, la ligne partant de Constantinople avait en outre le grave inconvénient de finir très-loin de son objectif, le Danube ou même la Serbie, en sorte que les troupes qu'elle pouvait être appelée à transporter se trouvaient à leur débarquement, à Ichtiman, dans l'obligation de faire un grand nombre d'étapes à pied pour arriver à destination.

On sait que l'empire ottoman ne possédait, en temps de paix, d'organisation divisionnaire pour son armée que sur le papier. Les troupes désignées pour constituer les corps d'armée étaient éparpillées par bataillons dans toutes les garnisons du territoire. Aussi, lorsque les premiers symptômes de soulèvement éclatèrent en Bosnie, ce furent les bataillons stationnés le plus près de la région insurgée qui marchèrent les premiers; ils furent soutenus par d'autres plus en arrière, et ainsi de suite.

De la campagne de Bosnie à la guerre contre la Serbie et le Monténégro il n'y eut pas de transition, et l'on se rap-

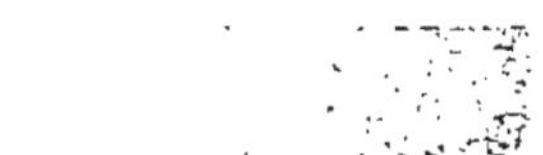

pelle que quelques mois à peine s'écoulèrent entre la cessation des hostilités avec ces deux puissances et la formation de l'armée russe du Sud.

Depuis l'année 1875, la Turquie resta donc en armes, complétant chaque jour ses effectifs. Il n'y eut par conséquent, à proprement parler, ni mobilisation ni concentration. Les chemins de fer n'éprouvèrent pas dans leurs transports cette crise à laquelle ils n'auraient du reste pu suffire. Le réseau fut parcouru par un grand nombre de trains militaires, mais ce mouvement se répartit sur une très-longue période de temps, et échappe entièrement à l'analyse.

Il n'existait en Turquie aucune trace d'une organisation quelconque des chemins de fer au point de vue militaire. Les troupes étaient mises en route par les soins du ministère de la guerre et des commandants d'armée, qui s'entendaient comme ils le pouvaient avec les compagnies intéressées.

Malgré ces moyens d'action si imparfaits, deux lignes rendirent dans la première partie de la campagne d'importants services. Ce furent celles de Rustchuck à Varna, et de Salonique à Mitrovitza. Elles étaient en effet en mesure de déposer, à pied d'œuvre, sur le Danube et dans le quadrilatère d'une part, aux frontières de la Serbie de l'autre, les nombreux contingents asiatiques et africains que la flotte amenait sans cesse vers le théâtre de la guerre.

Comme l'arrivée de ces troupes était subordonnée aux intermittences de la navigation, il s'ensuivait que leur transport par chemins de fer pouvait s'effectuer lentement et sans trop d'irrégularité.

Dans la retraite de l'armée turque, après le désastre de Plewna, ces deux lignes, y compris celle de Constantinople, servirent au transport de quelques fractions de l'armée

active aussi bien qu'à celui des nombreux émigrants qui cherchaient un refuge dans la capitale.

Il dut y avoir, à ce moment, bien des désordres, bien des encombrements. Nous n'avons pu nous procurer de détails sur ces transports. Ils offrent, du reste, peu d'intérêt au point de vue militaire; nous en avons dit assez sur les chemins ottomans pour faire voir combien la Turquie était en retard sur cette question, vis-à-vis de son puissant et victorieux adversaire.

Cette étude est bien incomplète sans doute. Bien des points de détail n'ont pu être élucidés complétement encore et une critique sévère pourra relever un certain nombre de lacunes dans ce petit travail. Nous espérons toutefois que cette monographie présentera quelque intérêt malgré ses imperfections.

Nous tenons à en dégager un principe qui ne saurait être trop répété. Son application déjà bien importante pour tout ce qui concerne l'organisation des armées, devient une condition *sine qua non* de réussite lorsqu'il s'agit de l'emploi des chemins de fer.

Cette maxime a été préconisée par tous les écrivains militaires; nous emprunterons son énoncé à l'un de nos hommes de guerre les plus sympathiques, le maréchal Bugeaud et nous dirons avec lui : « c'est quand le danger est encore loin qu'il faut tout préparer et organiser pour y faire face s'il arrive et quand il arrive. »

1144 — Paris. Imp. Laloux fils et Guillot, 7, rue des Canettes.

www.ingramcontent.com/pod-product-compliance
Ingram Content Group UK Ltd.
Pitfield, Milton Keynes, MK11 3LW, UK
UKHW022144190726
13855UKWH00003B/1335

9 782013 574433